IA para Iniciantes Absolutos

Como a Inteligência Artificial Está Mudando o Mundo — e Como Você Pode Lucrar com Ela

Por Joe Correa

Publicado por Live Stronger Faster

Primeira Edição

Sumário

Introdução

Bem-vindo ao **IA para Iniciantes Absolutos** — o seu primeiro passo essencial no poderoso, empolgante e transformador mundo da inteligência artificial.

Se você já se sentiu sobrecarregado com termos técnicos ou pensou que IA é apenas para programadores e gênios do Vale do Silício, este livro foi feito para você. Você não precisa de um diploma em ciência da computação. Você não precisa saber programar. Tudo o que precisa é curiosidade e o desejo de crescer pessoal, profissional e financeiramente na era da IA.

Neste livro, vou guiá-lo por:

- O que realmente é inteligência artificial (em linguagem simples)
- Por que a IA não é apenas uma tendência, mas uma mudança permanente como a internet ou a eletricidade
- Como a IA já está transformando todos os setores — da saúde às finanças e ao mercado imobiliário
- As ferramentas e aplicativos do dia a dia que você pode começar a usar agora mesmo
- E, mais importante, como transformar a IA em uma fonte de renda — mesmo que você esteja apenas começando

Começaremos pelo básico: os diferentes tipos de IA, a diferença entre aprendizado de máquina e aprendizado profundo, e o que realmente significam termos como "IA generativa", "GPT" e "redes neurais".

Mas não vamos parar na teoria. Este livro está repleto de maneiras práticas de lucrar com IA — seja você freelancer, empresário, estudante, pai ou mãe, ou alguém simplesmente em busca de mais liberdade.

Você descobrirá como pessoas comuns estão usando ferramentas como:

- ChatGPT para escrever conteúdos, e-mails e planos de negócios
- Midjourney e DALL·E para criar artes, logotipos e conteúdos para redes sociais
- ElevenLabs e Resemble.AI para criar audiolivros e narrações
- Synthesia e HeyGen para produzir vídeos sem precisar aparecer na câmera
- Notion AI, Claude e outras ferramentas para aumentar a produtividade e automatizar o trabalho

Ao longo deste livro, compartilharei histórias reais — pessoas que não sabiam nada sobre IA há um ano e agora estão ganhando de US$ 1.000 a mais de US$ 10.000 por mês usando ferramentas simples de IA. O sucesso delas não aconteceu porque começaram antes dos outros. Aconteceu porque decidiram agir.

Isso não é exagero. É oportunidade. A IA já está aqui. Está transformando empregos, negócios e economias — e isso é apenas o começo.

Você pode assistir tudo de fora, ou aprender a usar esse poder a favor da sua própria vida e dos seus objetivos.

Se você está pronto para entender a IA, aplicá-la e lucrar com ela — você está no lugar certo.

Vamos começar sua jornada rumo ao domínio da inteligência artificial — sem necessidade de experiência prévia.

Capítulo 1: O Que É Inteligência Artificial?

Inteligência Artificial (IA) é um ramo da ciência da computação focado na criação de sistemas capazes de realizar tarefas que normalmente exigem inteligência humana. Isso inclui compreender linguagem, reconhecer padrões, resolver problemas e tomar decisões.

Mas não complique demais — no fundo, IA significa simplesmente máquinas que podem "aprender" e agir de forma inteligente. Pense nela como um software que melhora ao longo do tempo ao processar dados e experiências, assim como os seres humanos quando aprendem algo novo.

Os 3 Tipos de IA

Entender IA fica mais fácil quando você a divide em três categorias:

IA Restrita (Narrow AI): É o que usamos hoje. Foi criada para executar uma tarefa específica — como recomendar um filme, alimentar a Alexa ou escrever um e-mail.

IA Geral (General AI): Uma IA teórica que seria tão inteligente quanto um ser humano em todos os aspectos. Ainda não existe.

Super IA (Super AI): Uma possibilidade futura em que máquinas seriam mais inteligentes que humanos. Por enquanto, continua sendo ficção científica.

No momento, a IA Restrita domina — e é exatamente aí que estão todas as oportunidades de lucro.

Exemplos no Mundo Real

A IA já está ao seu redor:

- Google Maps prevê o trânsito usando IA.
- Netflix recomenda séries com base no seu histórico.
- Bancos detectam fraudes analisando padrões de gastos.
- ChatGPT escreve e-mails, conteúdos e até códigos.

Se você já usou YouTube, Uber, Amazon ou Siri — você já usou IA. Agora o objetivo é parar de apenas usá-la — e começar a lucrar com ela.

Como a IA Funciona (Explicação Simples)

No coração da IA está o dado. Modelos de IA são treinados com enormes conjuntos de dados (como bilhões de frases ou imagens). Com o tempo, esses modelos aprendem padrões e os utilizam para gerar previsões ou novos conteúdos.

Os tipos mais populares de modelos de IA incluem:

Machine Learning (Aprendizado de Máquina) – Aprende com dados e melhora com o tempo.
Deep Learning (Aprendizado Profundo) – Imita o cérebro humano com redes neurais.
IA Generativa – Cria novos conteúdos (texto, imagens, áudio, etc.).

Ferramentas populares como ChatGPT, Midjourney e DALL·E utilizam IA Generativa.

Por Que Isso É Importante Para Você

A IA não é apenas para engenheiros ou grandes empresas. Na verdade, as maiores oportunidades agora estão disponíveis para:

- Freelancers criando produtos digitais com IA
- Pequenos empresários automatizando tarefas
- Professores transformando aulas em cursos gerados por IA
- Criadores produzindo narrações e audiolivros sem precisar gravar a própria voz

Em resumo, a IA é o grande equalizador. Você não precisa ser um especialista em tecnologia para vencer com ela — você só precisa saber onde aplicá-la e como transformar ferramentas de IA em renda.

Robôs pensam?

Daniel, um professor de história de 43 anos, fez uma pausa no meio de um gole de café, surpreso com a curiosidade da filha de 10 anos. Ele levantou os olhos do laptop e sorriu. O sol da manhã entrava pela cozinha, refletindo na tigela de cereal dela e em seus cachos bagunçados.

“Bem... mais ou menos”, ele respondeu. “Não como a gente, mas agora eles conseguem aprender. Isso é IA.”

Ele havia lido recentemente um artigo dizendo que professores estavam usando algo chamado “ChatGPT” para criar planos de aula em minutos. Curioso, decidiu testar naquela noite — e ficou impressionado. A ferramenta escreveu resumos melhores do que os dele, em segundos.

Aquele momento virou uma sequência de madrugadas explorando vídeos no YouTube e artigos online. Termos como “aprendizado de máquina”, “redes neurais” e “GPT” dominaram seu histórico de navegação. Daniel, que nunca tinha feito uma aula de programação, estava mergulhado no mundo da IA — e adorando.

Ele descobriu que existiam três níveis. As ferramentas que estava usando — como o ChatGPT — faziam parte da chamada IA Restrita. Sistemas criados para fazer uma coisa muito bem:

escrever, gerar imagens ou responder clientes. E já estavam por toda parte. Até o termostato da casa dele usava IA.

A IA Geral, ele aprendeu, ainda era apenas uma ideia hipotética — máquinas capazes de pensar e raciocinar como humanos. Ainda não existe. E a Super IA? Aquilo era coisa de ficção científica — como filmes de robôs conscientes. Fascinante, mas distante.

Daniel ficou obcecado em usar IA para facilitar a vida. Pediu ao ChatGPT que criasse questionários de múltipla escolha. Economizou horas. Usou um gerador de vídeos com IA para criar animações para suas aulas. Os alunos adoraram. Então tentou algo ousado: começou a vender modelos de planos de aula em um marketplace para professores.

A parte surpreendente? Vendeu. Rápido. O que antes levava um fim de semana para criar agora levava 20 minutos com ChatGPT. Na primeira semana, ganhou 86 dólares. No mês seguinte, 342. No mês seguinte, mais de 600.

Ele não estava apenas usando IA. Estava lucrando com ela.

Tudo isso sem saber programar. Tudo isso sem sair de casa.

Uma noite, enquanto revisava os downloads e comentários dos clientes, Mia espiou por cima do ombro dele novamente.

"É o robô que está te ajudando?" ela perguntou.

Daniel sorriu. "Sim", respondeu. "Mas o robô não me substitui. Ele trabalha para mim."

E foi aí que ele entendeu: IA não era algo para temer. Não era uma destruidora de empregos. Era uma ferramenta — como uma calculadora ou um micro-ondas. Quem aprendesse a usá-la iria mais longe, trabalharia com mais inteligência e teria mais liberdade.

Naquela noite, ao fechar o laptop, Daniel percebeu algo profundo. O mundo estava mudando. Rapidamente. Mas, pela primeira vez na história, pessoas comuns — professores, pais, criadores, freelancers — tinham acesso a uma tecnologia que antes era reservada aos gigantes do Vale do Silício.

Tudo o que você precisava fazer... era começar.

Capítulo 2: As Principais Ferramentas de IA que Você Pode Usar Hoje

Sem Necessidade de Programação

Você não precisa ser desenvolvedor, cientista de dados ou engenheiro para usar IA. Na verdade, as ferramentas de IA mais lucrativas disponíveis hoje foram criadas para usuários não técnicos. Elas possuem interfaces simples e muitas funcionam como o Google Docs ou o Canva. Muitas são gratuitas ou de baixo custo, e foram desenvolvidas para ajudar você a criar, automatizar e escalar — sem precisar de experiência prévia.

Pense nessas ferramentas como seus funcionários virtuais: redatores, designers, editores, locutores e até consultores de negócios.

Vamos analisar as ferramentas mais populares e poderosas que você pode começar a usar hoje.

Ferramentas Baseadas em Texto

Essas ferramentas ajudam você a gerar conteúdo, criar ideias, automatizar e-mails ou até construir negócios inteiros.

ChatGPT (OpenAI)

Use para: Escrever artigos de blog, e-mails, descrições de produtos, roteiros, planos de aula, textos publicitários e muito mais.

Potencial de lucro: Vender eBooks, criar cursos digitais, trabalhar como freelancer de redação, automatizar comunicação com clientes.

Claude (Anthropic)

Use para: Resumir documentos longos, escrever conteúdo jurídico ou técnico e auxiliar em pesquisas.

Jasper

Use para: Criar conteúdo otimizado para SEO e campanhas de marketing com mais rapidez. Excelente para profissionais de marketing e agências.

Ferramentas Visuais de IA

Essas ferramentas geram imagens, apresentações ou miniaturas de vídeos — ideais para criadores de conteúdo, designers e profissionais de marketing.

Midjourney

Use para: Criar artes detalhadas para livros, cursos, pôsteres, redes sociais e NFTs.

Potencial de lucro: Vender designs no Etsy, criar capas para livros no KDP, oferecer serviços de design.

DALL·E (OpenAI)
Use para: Gerar ilustrações, ícones ou conceitos visuais rapidamente.

Canva com IA
Use para: Criar apresentações, logotipos e kits de marca com recursos de texto-para-imagem.

Ferramentas de Áudio e Voz

Perfeitas para criadores de podcast, produtores de audiolivros e criadores que desejam produzir conteúdo usando voz.

ElevenLabs
Use para: Transformar qualquer texto em uma voz natural. Clonar sua própria voz ou usar narradores de IA.
Potencial de lucro: Criar e vender audiolivros, cursos, anúncios e narrações.

Play.ht
Use para: Gerar vozes para vídeos ou aulas online.

Descript
Use para: Gravar e editar podcasts e vídeos com edição baseada em texto.

Ferramentas de Criação de Vídeo

Permitem produzir vídeos sem precisar aparecer na câmera.

Synthesia
Use para: Criar vídeos com avatares de IA para YouTube, treinamentos, anúncios e cursos.

HeyGen
Use para: Criar vídeos com apresentadores virtuais a partir de texto. Também permite tradução para outros idiomas.

Pictory e InVideo
Use para: Transformar blogs ou roteiros em vídeos curtos para TikTok, YouTube Shorts e Instagram Reels.

Ferramentas de Automação e Produtividade

Economizam tempo e ajudam você a criar sistemas automáticos.

Notion AI
Use para: Gerenciar projetos, escrever notas, criar planos de negócios e organizar ideias.

Zapier
Use para: Conectar ferramentas de IA e automatizar tarefas (por exemplo, enviar leads de um formulário para seu e-mail e planilhas).

Chatbase

Use para: Criar chatbots personalizados treinados com seus próprios documentos ou site.

Como Escolher as Ferramentas Certas

Você não precisa de todas elas. Comece com 1 ou 2 ferramentas de acordo com o que deseja criar:

Objetivo – Ferramenta Recomendada

Escrever um eBook – ChatGPT ou Claude
Criar aulas em vídeo – Synthesia ou InVideo
Vender produtos digitais – Canva, ChatGPT, Midjourney
Narrar audiolivros – ElevenLabs
Criar chatbots ou automações – Chatbase + Zapier

Os criadores mais inteligentes escolhem um fluxo simples e o repetem. Por exemplo:

Escrever conteúdo com ChatGPT
Transformar em vídeo com InVideo
Criar narração com ElevenLabs
Vender o resultado em uma plataforma (YouTube, Etsy, Udemy, etc.)

Resumo

As ferramentas de IA são sua nova equipe. Elas permitem que você trabalhe mais rápido, construa com menos custo e alcance públicos maiores do que nunca. Você não precisa aprender todas — apenas escolha as que se alinham com suas habilidades ou metas de renda e foque nelas.

A seguir, vamos acompanhar a história de alguém que começou com apenas uma dessas ferramentas — e transformou completamente seu futuro financeiro.

Ela estava exausta.

Julia olhou para o celular. Eram 2h07 da manhã.

O bebê finalmente tinha adormecido após uma noite difícil por causa dos dentes nascendo, e a pia ainda estava cheia de louça. Ela não estava apenas cansada — estava se sentindo presa.

Ex-designer gráfica que se tornou mãe em tempo integral, Julia tentava ganhar dinheiro vendendo artes digitais feitas à mão no Etsy. Mas entre trocar fraldas e fazer compras, mal tinha tempo para criar algo novo.

Uma noite, rolando um grupo no Facebook para mães empreendedoras, alguém mencionou uma ferramenta chamada Midjourney — uma IA capaz de transformar textos simples em artes impressionantes.

Cética, mas curiosa, Julia baixou o Discord e digitou seu primeiro comando: "Ilustrações em aquarela de animais para quarto infantil – cores pastel suaves."

O resultado a deixou sem palavras. As imagens eram melhores do que qualquer coisa que ela já tivesse desenhado. E foram geradas em segundos.

Naquela noite, ela criou 15 novas artes com o Midjourney. No dia seguinte, publicou tudo em sua loja no Etsy com novos títulos e tags. No fim da semana, havia faturado 96 dólares em vendas digitais — mais do que todo o mês anterior.

Ela se aprofundou.

Descobriu o ChatGPT, que a ajudou a escrever descrições de produtos e legendas para redes sociais. Depois encontrou o Canva com IA, que permitia criar pins para o Pinterest em minutos. Em seguida, usou o Pictory para criar vídeos curtos no TikTok sem mostrar o rosto — apenas imagens de banco, textos na tela e narração por IA.

Em duas semanas, sua loja passou de "venda ocasional" para notificações diárias.

O marido não acreditava.

“Você está me dizendo que um robô fez essa pintura da girafa?”, perguntou ele, rindo, segurando uma impressão emoldurada.

“Não”, ela respondeu sorrindo. “Eu fiz — com ajuda.”

Julia não era programadora. Não se considerava “tecnológica”. Ela só teve a vontade de tentar. De experimentar. De construir algo que pudesse gerar renda enquanto a filha dormia.

Ao final do primeiro mês usando ferramentas de IA, ela tinha um sistema organizado:

Usava o ChatGPT para gerar ideias de produtos e palavras-chave de SEO.
Usava o Midjourney para criar imagens originais.
Usava o Canva para montar kits e mockups.
Usava o Pictory e o ElevenLabs para transformar anúncios em vídeos curtos para o Instagram.

Tudo o que antes levava horas agora levava minutos. E as vendas? Continuavam subindo. 96 dólares viraram 284. Depois 787.

Julia percebeu que não precisava escolher entre maternidade e liberdade financeira. A IA permitiu que ela tivesse os dois.

Foi quando começou a dizer para todos: "Você não precisa ser especialista em IA — só precisa saber usá-la de forma inteligente."

E ela estava apenas começando.

Capítulo 3: 10 Maneiras Reais de Ganhar Dinheiro com IA Começando Esta Semana

O objetivo deste capítulo é pegar tudo o que você aprendeu até agora e mostrar exatamente como pessoas reais estão transformando ferramentas de IA gratuitas e de baixo custo em fontes de renda — mesmo sem experiência prévia.

Não são teorias. São métodos práticos, com baixa barreira de entrada e alto potencial de retorno, usando ferramentas como ChatGPT, Midjourney, ElevenLabs e outras.

Vamos revisar as 10 principais formas.

1. Vender Arquivos Digitais ou Artes no Etsy

Use Midjourney ou DALL·E para criar ilustrações originais, pôsteres, livros de colorir ou artes para quarto infantil. Depois, publique no Etsy como download digital.

Exemplo de Lucro:
1 arte vendida por $5
10 vendas por dia = $50/dia ou $1.500/mês
Depois de publicada, vira renda passiva

Ferramentas: Midjourney, Canva, ChatGPT (para SEO e descrições de produto)

2. Criar e Vender eBooks ou Cadernos de Exercícios

Escreva guias práticos ou histórias infantis com ChatGPT, formate no Canva e publique na Amazon KDP ou Gumroad.

Exemplo de Lucro:
eBook de 25 páginas vendido por $9
50 cópias/mês = $450/mês

Ferramentas: ChatGPT, Canva, Amazon KDP

3. Oferecer Serviços Freelancer com IA

Use IA para acelerar seus serviços de redação, edição ou design. Ofereça entregas rápidas com ferramentas como Jasper, Grammarly ou Canva.

Exemplo de Lucro:
Cobrar $100 por artigo
Entregar 3 por dia usando IA = $300/dia

Ferramentas: ChatGPT, Jasper, Canva, Grammarly

4. Criar um Canal no YouTube Sem Mostrar o Rosto

Use Pictory, ChatGPT e ElevenLabs para criar vídeos. Deixe a IA fazer o roteiro, a voz e a produção.

Exemplo de Lucro:
1 vídeo viral = $100 a $1.000 em anúncios
50+ vídeos podem gerar $1.000 a $5.000/mês com afiliados e ads

Ferramentas: Pictory, ElevenLabs, ChatGPT

5. Vender Cursos Digitais

Peça ao ChatGPT para montar o conteúdo do curso. Use Synthesia ou HeyGen para criar as aulas em vídeo. Venda no Udemy, Teachable ou Kajabi.

Exemplo de Lucro:
Curso de $97
100 vendas = $9.700
Crie uma vez, venda para sempre

Ferramentas: ChatGPT, Synthesia, Kajabi, Canva

6. Criar e Vender Vozes de IA, Audiolivros ou Podcasts

Use ElevenLabs para narrar livros, artigos ou vídeos. Venda audiolivros em plataformas como Findaway Voices ou ofereça narrações no Fiverr.

Exemplo de Lucro:

$75 por narração de 30 minutos

10 por mês = $750/mês

Ferramentas: ElevenLabs, Descript, Findaway Voices

7. Criar Blogs de Nicho ou Sites de Afiliados com IA

Use ChatGPT para escrever artigos, avaliações e guias. Monetize com afiliados da Amazon, anúncios ou parcerias.

Exemplo de Lucro:

$200 a $1.000+/mês com tráfego e afiliados

Ferramentas: ChatGPT, Jasper, WordPress, Surfer SEO

8. Criar e Revender Canais de Shorts Sem Mostrar o Rosto

Crie vídeos curtos com InVideo, CapCut e narração por IA. Cresça o canal e venda (ou monetize com afiliados).

Exemplo de Lucro:

Canais com 10 mil seguidores podem ser vendidos por $2.000 a $10.000+

Ferramentas: InVideo, ElevenLabs, CapCut

9. Criar Chatbots ou Ferramentas com IA

Use plataformas como Chatbase ou ManyChat para criar bots de atendimento ou geração de leads e vender para pequenas empresas.

Exemplo de Lucro:
Cobrar $99/mês por cliente
10 clientes = $990/mês recorrente

Ferramentas: Chatbase, Notion, Zapier

10. Criar uma Microagência de IA

Ofereça serviços completos usando IA: criação de conteúdo, vídeos, narração e automações.

Exemplo de Lucro:
$500/mês por cliente x 10 = $5.000/mês

Ferramentas: Combinação de ChatGPT, Canva, Synthesia, Zapier

Dica Final: Escolha 1 e Comece Pequeno

Não tente fazer as 10 ao mesmo tempo. Escolha 1 método que combine com seus interesses ou habilidades. Teste por um fim de semana. Quando ganhar tração, automatize e escale usando mais ferramentas de IA.

Agora, vamos falar sobre Carlos.

Ele tinha acabado de ser demitido.

Depois de cinco anos trabalhando em suporte técnico, um simples e-mail acabou com sua renda. “Estamos reduzindo a equipe. Obrigado pelo seu serviço.” Só isso.

Sem indenização. Sem aviso prévio. Apenas um laptop para devolver e uma promessa vaga de “manter contato”.

Aos 34 anos, com o aluguel vencendo e sem emprego, o pânico começou a bater. Mas em vez de perder tempo nas redes sociais, Carlos digitou no navegador: “Como ganhar dinheiro com IA.”

Ele já tinha ouvido falar do ChatGPT, mas nunca pensou em usá-lo para ganhar dinheiro. Naquela noite, a curiosidade virou obsessão. Assistiu a vídeos, leu fóruns e descobriu pessoas criando canais no YouTube, vendendo livros e fazendo arte — sem programação ou câmeras.

De manhã, tinha um plano.

Pediu ao ChatGPT: “Me dê 10 ideias de canais no YouTube sem mostrar o rosto, baratos de começar e que possam gerar renda rápida.”

Escolheu “Conselhos de Vida para Adolescentes”.

Gerou 5 roteiros de até 90 segundos. Usou Pictory para transformar texto em vídeo automaticamente. Depois, usou ElevenLabs para narrar.

Nasceu o canal "GlowUp Talks".

Em seis dias, um vídeo alcançou 4.800 visualizações. Em 21 dias, o canal atingiu 1.000 inscritos.

No primeiro mês, ganhou $314 com bônus do YouTube Shorts e mais $107 com links de afiliados.

Ele não estava rico. Ainda não.

Mas estava livre.

Criou um segundo canal com receitas geradas por IA e imagens do Midjourney. Um terceiro com frases motivacionais narradas por IA.

Carlos não apenas superou a demissão — ele transformou aquilo em um ponto de partida.

Ele costumava dizer:

"A IA não apenas me economizou tempo. Ela me devolveu o controle."

E é disso que realmente se trata — não apenas ganhar dinheiro com IA, mas usá-la para recuperar seu tempo, sua liberdade e seu futuro.

Capítulo 4: Como Construir um Negócio de Uma Pessoa Só Impulsionado por IA

A IA não apenas ajuda você a ganhar dinheiro — ela permite que você administre um negócio inteiro sozinho, usando automação, delegação e sistemas digitais. Este capítulo mostra como lançar um negócio lucrativo e escalável de uma pessoa só usando ferramentas de IA — seja você freelancer, vendedor de produtos digitais ou criador de marca online.

O Novo Modelo de Negócio: Você + IA = Equipe

No passado, administrar um negócio exigia uma equipe:

Um redator
Um designer
Um editor de vídeo
Um atendente de suporte
Um especialista técnico

Hoje, você pode substituir a maioria (ou todos) esses papéis por ferramentas de IA que custam entre $0 e $50 por mês no total. Veja como sua equipe com IA pode funcionar:

Função – Ferramenta de IA

Redator – ChatGPT, Jasper

Designer – Canva, Midjourney

Locutor – ElevenLabs

Editor de Vídeo – InVideo, Pictory

Administrador – Notion AI, Zapier

Vendas e Suporte – Chatbase, ManyChat

Escolha um Modelo de Negócio Simples

Escolha 1 destes modelos de baixo risco e compatíveis com IA:

Produtos Digitais – Criar e vender eBooks, cursos, templates, artes, guias ou planners.

Serviços Freelancer – Oferecer criação de conteúdo, design, SEO, edição de vídeo ou automação.

Marketing de Afiliados – Criar um site de nicho ou canal no YouTube promovendo produtos com links afiliados.

Negócio Baseado em Conteúdo – Criar um YouTube, TikTok ou Instagram monetizado usando IA.

Plano de Lançamento em um Fim de Semana

Veja como construir seu negócio em apenas um fim de semana:

Dia 1: Marca + Oferta

Use o ChatGPT para criar nomes para o negócio

Desenhe seu logo no Canva

Defina sua oferta: O que você está vendendo ou promovendo?

Dia 2: Criar os Ativos

Use IA para criar seu produto ou modelo de serviço

Monte um site simples ou landing page (Carrd, Systeme.io, Gumroad)

Crie 3 a 5 posts ou vídeos usando Pictory ou Canva

Dia 3: Lançar e Monetizar

Publique seu produto no Gumroad ou Etsy

Poste conteúdo nas redes ou YouTube

Adicione links afiliados se necessário

Use Zapier ou Chatbase para automatizar suporte ou entrega

Agora você tem um negócio funcionando — sem funcionários.

Automatize e Escale com IA

Depois de ganhar seus primeiros $100 a $500, faça o seguinte:

Automatize e-mails com MailerLite ou Systeme.io

Crie um chatbot com Chatbase para responder perguntas frequentes

Use Zapier para enviar dados de vendas para o Google Sheets

Transforme um conteúdo em 5 formatos usando IA (texto, imagem, áudio, vídeo, blog)

Erros Comuns a Evitar

Fazer tudo manualmente – Deixe a IA cuidar de 80% das tarefas repetitivas.
Usar ferramentas demais – Foque em 2 ou 3 principais.
Complicar demais a oferta – Mantenha simples e escalável.
Não validar o produto – Crie versões rápidas (MVP) com IA e teste antes de expandir.

Resumo: Você é o CEO, a IA é a Equipe

Um negócio impulsionado por IA coloca você no controle. Você não está mais trocando horas por dinheiro ou esperando ser contratado. Você está construindo uma fonte de renda que pode funcionar 24 horas por dia — até enquanto você dorme.

Você não escala contratando mais pessoas. Você escala com automação e ferramentas.

E o melhor? Pode fazer isso em meio período, pelo celular, sem investidores ou escritório.

Agora, vamos conhecer Tanya.

Tanya não trabalhava em um emprego tradicional há mais de seis anos. Não porque não quisesse — mas porque a vida tinha outros planos.

Ela era cuidadora em tempo integral da mãe, diagnosticada com Alzheimer precoce. Entre medicamentos, refeições e consultas médicas, sua rotina não permitia horários fixos. Mas havia pequenos momentos de silêncio — e era tudo o que ela precisava.

Em um desses momentos, viu um vídeo no YouTube: "Como eu administro um negócio de $10.000 por mês sozinha usando IA."

Ela quase ignorou. Mas algo na imagem — uma mulher no sofá com um laptop, sem escritório ou equipe — chamou sua atenção.

Tanya clicou.

O vídeo explicou como usar ChatGPT, Canva e Gumroad para criar produtos digitais como checklists, planners e guias. Mostrou que IA não era só para especialistas em tecnologia — era para mães, cuidadores e criadores.

Tanya decidiu tentar.

Perguntou ao ChatGPT: “Quais são 10 ideias de produtos digitais para cuidadores?”

A resposta veio instantaneamente:

Guias de planejamento de refeições
Rastreadores de medicação
Diários de cuidados para Alzheimer
Modelos de check-in diário
Diários de apoio emocional

Ela escolheu três ideias e pediu esboços. No Canva, usou um template de diário e criou um “Diário Diário de Cuidados com Demência” de 25 páginas.

Publicou no Gumroad por $12 e compartilhou em um grupo no Facebook para cuidadores. Naquela noite, fez sua primeira venda.

Nos meses seguintes, criou uma pequena biblioteca digital com IA:

Planner semanal de cuidados
Lista de contatos de emergência
Checklist de autocuidado para cuidadores

Usava ChatGPT para textos. Canva para design. MailerLite para e-mails automáticos.

No primeiro mês, faturou $207.

No segundo, $641.

No terceiro, $1.226.

Mais importante que o dinheiro era a flexibilidade. Ela trabalhava nos horários livres, sem chefe, sem pressão.

Para automatizar o suporte, criou um chatbot no Chatbase treinado com perguntas frequentes. Usou Zapier para atualizar planilhas automaticamente quando uma venda era realizada.

Quando perguntavam: "Quem está na sua equipe?", ela respondia sorrindo:

"Só eu... e cinco robôs."

A história dela não é sobre ficar milionária. É sobre liberdade.

A IA não apenas deu ferramentas para Tanya. Deu tempo, **dignidade** e **esperança**.

Capítulo 5: Do $0 aos $1.000 — Seu Primeiro Plano de Renda com IA

Você não precisa de meses para ganhar sua primeira renda com IA. Neste capítulo, vamos seguir um plano de ação de 7 dias para sair do zero e chegar aos seus primeiros $1.000 usando ferramentas e estratégias que você já aprendeu.

Se você é iniciante ou já está testando IA, este roteiro vai ajudar você a agir rápido, manter o foco e transformar isso em algo real.

Dia 1: Escolha Seu Modelo de Negócio com IA

Escolha um dos três modelos que melhor combina com seu tempo, habilidades e interesses:

Modelo – Exemplo de Fonte de Renda

Produtos Digitais – eBooks, printables, arte com IA, templates
Criação de Conteúdo – YouTube Shorts, Instagram Reels, blogs
Serviços Freelancer – Redação com IA, edição, produção de vídeo

Não pense demais. Escolha um e comprometa-se pelos próximos 7 dias.

Dia 2: Escolha Seu Nicho

Use o ChatGPT para refinar sua direção. Pergunte:

"Me dê 10 ideias lucrativas de produtos digitais para [professores, fitness, mães, donos de pets, etc.]"

Escolha um nicho que você goste ou conheça. Isso acelera resultados.

Dia 3: Crie Seu Primeiro Produto ou Conteúdo

Use suas ferramentas:

ChatGPT para estruturar e escrever
Canva para design
Midjourney ou Pictory para imagens ou vídeos
ElevenLabs para narração

Exemplos:

Planner de 10 páginas para profissionais ocupados
Vídeo motivacional para adolescentes narrado por IA
Mini eBook com exercícios diários de escrita

Não busque perfeição. Busque concluir.

Dia 4: Configure Seu Sistema de Vendas

Você pode vender ou promover por:

Gumroad (produtos digitais)
Etsy (printables e arte com IA)
YouTube/Instagram (monetização e afiliados)
Upwork/Fiverr (freelancer)

Configure:

Página do produto
Método de pagamento
Preço inicial entre $5 e $50

Publique seu produto ou seu primeiro vídeo.

Dia 5: Promova Gratuitamente

Use canais rápidos e gratuitos:

Compartilhe em grupos do Facebook
Poste no Pinterest ou Reddit
Crie um vídeo teaser de 30 segundos com Pictory + ElevenLabs
Envie mensagem para pessoas que podem se beneficiar

Peça ao ChatGPT para criar legendas e ideias de posts. Volume é mais importante que perfeição.

Dia 6: Automatize e Faça Follow-Up

Use automações simples:

MailerLite para entregar downloads gratuitos e promover ofertas pagas
Zapier para atualizar planilhas
Chatbase para responder perguntas frequentes

Construa o sistema mesmo que tenha apenas uma venda.

Dia 7: Ajuste, Repita e Escale

Avalie:

O que gerou cliques ou vendas?
O que não funcionou?
Peça ao ChatGPT sugestões de melhoria
Crie uma segunda oferta para ganhar impulso

Muitas pessoas fazem seus primeiros $100 a $500 em uma semana com esse processo. Para chegar a $1.000+:

Lance múltiplos produtos
Reaproveite conteúdo em várias plataformas
Crie bundles e upsells

Palavras Finais

Seus primeiros $1.000 com IA não virão por você ser o mais inteligente. Virão por você começar, publicar e simplificar.

Você não precisa do negócio perfeito. Apenas de uma oferta simples que resolva um problema — impulsionada por IA.

Agora, conheça Lena.

Lena tinha $64 na conta bancária.

Ela havia pedido demissão de um consultório odontológico onde trabalhava demais e ganhava pouco. Sem economias. Sem plano B. Apenas uma decisão silenciosa: "Vou construir algo que me dê controle."

Naquela noite, viu um vídeo no TikTok dizendo: "Você pode criar e vender um produto digital em 24 horas com IA."

Ela abriu o ChatGPT e escreveu:

"Me dê 10 ideias de produtos digitais para pessoas que querem se organizar."

A IA respondeu com:

Planners diários
Guias de preparação de refeições
Rastreadores de orçamento
Checklists de limpeza
Rotinas de autocuidado

Autocuidado chamou sua atenção.

Ela pediu ao ChatGPT um checklist semanal com blocos de tempo, afirmações e tarefas diárias. Copiou para o Canva, escolheu um template minimalista em tons pastel e criou um PDF de 10 páginas em menos de 3 horas.

Nome: "Diário Reset de Autocuidado em 7 Dias"

Publicou no Gumroad por $9 e compartilhou em grupos de Facebook sobre saúde mental.

Dia 1: zero vendas.
Dia 2: nada.
Dia 3: notificação no PayPal. $9.

Ela quase chorou.

Não era sobre o dinheiro. Era sobre a prova de que podia criar valor e ser paga sem depender de um chefe.

Na primeira semana, ganhou $93.
Na terceira semana, ultrapassou $1.000 em vendas totais.

Criou mais dois produtos. Configurou MailerLite. Postou no Instagram com frases criadas pelo ChatGPT.

Depois adicionou meditações guiadas com ElevenLabs, vídeos curtos feitos no Pictory e bundles automatizados.

Quando perguntavam o que fazia da vida, ela respondia:

"Eu crio magia digital com IA."

Porque não era apenas um negócio.

Era liberdade.

Capítulo 6: Automatize Tudo — Deixe a IA Administrar o Negócio para Você

Print-on-demand (POD) é um modelo de negócio em que produtos personalizados — como camisetas, canecas, cadernos, pôsteres e bolsas — são impressos apenas depois que alguém faz uma compra. Isso significa zero estoque, nenhum custo inicial e cumprimento automatizado. Combinado com ferramentas de IA para design e branding, o print-on-demand se torna uma das formas mais criativas e acessíveis de lançar uma marca de e-commerce com baixo risco e alcance global.

A ideia central é simples: crie designs originais ou gráficos baseados em texto usando ferramentas de IA, faça upload em plataformas de POD como Printful, Gelato ou TeeSpring, e sincronize com marketplaces como Etsy, Amazon ou sua própria loja Shopify. Quando um cliente compra, a empresa de POD cuida da impressão, embalagem e envio — você apenas coleta o lucro. Com o nicho certo e visuais aprimorados por IA, você pode se destacar mesmo em mercados competitivos.

Para começar, escolha um nicho. Evite designs genéricos — foque em públicos específicos com identidades ou paixões fortes. Exemplos: mães de cães, professores, amantes de plantas, empreendedores espirituais, trabalhadores remotos ou entusiastas de fitness. Quanto mais direcionado for o tema, maior a chance de ressoar e converter. Use IA para ajudar a definir seu nicho — pergunte ao ChatGPT: "Quais são 10 nichos pouco explorados no espaço POD?" Em seguida, faça brainstorm de slogans, frases e ideias de produtos com base nessa identidade.

Depois, crie seus designs. Ferramentas como Midjourney, DALL·E e Canva podem gerar visuais a partir de prompts. Para designs baseados em texto, peça ao ChatGPT frases engraçadas, motivacionais ou virais adaptadas ao seu nicho. Depois, monte tudo usando templates do Canva, garantindo resolução e tamanho corretos para cada tipo de produto. Você também pode transformar ilustrações geradas por IA em livros de colorir, decks de afirmação ou arte de parede. Contanto que o conteúdo seja original e alinhado à sua marca, as possibilidades criativas são infinitas.

Após criar 10 a 20 produtos, configure sua loja. Comece com uma loja gratuita no Etsy ou conecte o Printful ao Shopify para uma experiência de marca. Adicione mockups de produtos (gerados automaticamente pelas plataformas de POD), escreva descrições otimizadas com palavras-chave (usando ChatGPT) e organize os anúncios em coleções temáticas, como "Canecas Engraçadas para Home Office" ou "Camisetas de Yoga para Introvertidos". Garanta que a identidade visual seja consistente — use Canva para criar banners, logos e imagens que combinem com o tom da marca.

Para gerar tráfego, aproveite estratégias orgânicas e pagas. Crie pins no Pinterest ligados aos seus produtos, compartilhe mockups no Instagram ou publique em grupos de Facebook de nicho (quando permitido). Use o ChatGPT para criar legendas, e-mails promocionais e roteiros para Reels ou TikToks. Quando notar tração, considere anúncios de $5 a $10/dia no Etsy ou Meta para seus produtos mais vendidos. Analise os dados do dashboard do Printful ou Etsy para ver quais anúncios estão performando e quais precisam de ajustes.

O poder desse modelo de negócio está na automação e baixo risco. Você nunca precisa tocar nos produtos, se preocupar com envio ou lidar com devoluções. Seu trabalho é criar — e deixar os sistemas cuidarem do resto. Conforme sua loja cresce, você pode testar novos nichos, expandir para outras plataformas ou construir uma presença de marca ao redor dos seus produtos. Também é possível licenciar seus designs, vender downloads digitais dos arquivos de impressão ou criar newsletters temáticas promovendo suas coleções.

Para escalar, crie sistemas. Use um dashboard no Notion para acompanhar ideias de design, progresso de uploads e desempenho. Crie pacotes de prompts de IA reutilizáveis para gerar frases ou arte. Produza lotes de produtos. Reaproveite designs de sucesso em diferentes tipos de produtos — por exemplo, uma frase que faz sucesso em uma caneca também pode ir para uma bolsa, camiseta ou caderno. Com a IA cuidando da maior parte da carga criativa, você pode lançar um novo produto todos os dias, se quiser.

Se você é criativo, curioso e quer construir uma loja de renda passiva sem estoque, atendimento ou armazéns, esse é um dos caminhos mais acessíveis. Com print-on-demand e IA, qualquer pessoa pode se tornar uma marca global — um design por vez.

Maya, a barista

Maya trabalhava longas horas como barista enquanto cursava aulas online de design gráfico. Amava arte, mas não queria se tornar freelancer criando logos para clientes mal pagos. Ela queria algo que pudesse construir sozinha — criativo, escalável e divertido.

Uma noite, enquanto navegava no TikTok, viu um vídeo intitulado: "Ganhei $800 em 1 semana vendendo camisetas criadas com IA no Etsy." Mostrava um moletom preto com a frase "Mentally Out of Office". Maya não acreditou que algo tão simples pudesse gerar renda real. Ela clicou e entrou em um universo de print-on-demand com IA.

Em poucos dias, ela se inscreveu no Printful, conectou à Etsy e começou a aprender a criar designs. Nunca havia codificado um site ou vendido online, mas os tutoriais passo a passo eram fáceis de seguir. Usando o ChatGPT, fez brainstorming de frases para seu nicho favorito — introvertidos e pensadores excessivos. Pediu: "Me dê 25 frases engraçadas de uma linha para introvertidos que possam ir em canecas ou moletons." Os resultados a fizeram rir e, mais importante, pensar: "Isso vai vender."

Ela abriu o Canva e começou a criar: fundos pretos, fonte branca em destaque, estética limpa. Criou suas primeiras cinco listagens: uma caneca, dois moletons e duas bolsas. Depois fez upload para Etsy, usou ChatGPT para escrever descrições e adicionou mockups estilo Pinterest do Printful. Lançou a loja sob o nome *Quietly Loud Co.* e compartilhou com alguns amigos.

Três dias depois, recebeu uma notificação: "Você fez uma venda." Era uma bolsa com a frase "Introverting in Progress". O lucro de $4 parecia melhor que um salário de cem dólares. Alguém viu a ideia, gostou e comprou. Ela estava viciada.

Maya entrou em ritmo. Toda semana, criava cinco novos produtos, testando diferentes frases, cores e designs — sempre com o auxílio do ChatGPT e Canva. Quando encontrava um tema vencedor (como "café + ansiedade" ou "anti-small talk club"), montava uma coleção completa. Aprendeu a criar bundles, adicionar palavras-chave e lançar produtos em datas estratégicas, como Dia dos Namorados, Mês de Conscientização sobre Saúde Mental e volta às aulas.

No segundo mês, já tinha 45 listagens e ganhava cerca de $300/mês — principalmente com canecas e moletons. O melhor? Ela nunca precisou tocar em um produto. O Printful cuidava de tudo e o Etsy entregava aos clientes. O trabalho dela era criatividade e curadoria.

Maya criou um tracker no Notion para registrar designs, acompanhar visualizações e vendas e definir metas semanais. Criou templates de prompts de IA para acelerar o brainstorming. Cada etapa do processo estava sistematizada.

Ela expandiu para cadernos de nicho, decks de afirmação e arte de parede imprimível. Com Midjourney e DALL·E, criou ilustrações minimalistas combinadas com frases positivas, vendidas como downloads digitais no Etsy e Gumroad. Logo, ela estava ganhando $800/mês, suficiente para pagar o aluguel e reduzir turnos de barista. Sua confiança cresceu. Ela não se via mais como estudante em dificuldade — agora era dona de marca, artista e empreendedora digital.

Eventualmente, Maya criou seu próprio site Shopify, construiu uma lista de e-mails com ConvertKit e começou a rodar anúncios no Pinterest. Ela não buscava se tornar uma marca viral — apenas consistente e discretamente bem-sucedida. E conseguiu.

O que começou com uma frase engraçada e um template gratuito do Canva tornou-se um negócio real. Tudo graças à curiosidade, algumas ferramentas inteligentes de IA e a coragem de começar.

Capítulo 7: Transformando a IA em Fontes de Renda Passiva que se Multiplicam ao Longo do Tempo

Renda passiva significa ganhar dinheiro continuamente por um trabalho que você fez uma única vez. Com a IA, criar renda passiva não é apenas possível — é mais rápido, mais simples e mais acessível do que nunca. Neste capítulo, vamos explorar como construir fontes de renda com IA que não pagam apenas uma vez, mas continuam gerando receita mês após mês, com pouco ou nenhum esforço contínuo.

O primeiro passo é mudar sua mentalidade: sair de trocar tempo por dinheiro e começar a construir ativos digitais. Esses ativos — como eBooks, cursos, printables, templates, canais "faceless" no YouTube e artes geradas por IA — podem ser criados rapidamente com ferramentas de IA e vendidos repetidamente no piloto automático. Com plataformas como Amazon KDP, Gumroad, Etsy, YouTube e Udemy, você não precisa ter seu próprio site ou audiência para começar. Essas plataformas já possuem compradores procurando exatamente o tipo de produto que você pode criar com ChatGPT, Midjourney, Canva ou ElevenLabs.

Veja alguns exemplos. Um eBook simples de 25 páginas escrito com ChatGPT pode ser publicado na Amazon KDP e vendido por $9,99. Se vender apenas 100 cópias por mês, isso representa $999 em renda passiva. Um planner digital criado no Canva pode ser listado no Etsy e baixado ilimitadas vezes. Um curso gravado com Synthesia ou HeyGen pode ficar hospedado para sempre no Udemy, trazendo alunos enquanto você dorme. Um audiolivro narrado com ElevenLabs pode ser distribuído pelo Findaway Voices, gerando royalties no mundo todo.

A chave é que cada um desses ativos é escalável. Seja vendendo 10 ou 10.000 cópias, seu custo e seu tempo investido continuam praticamente os mesmos. Esse é o poder dos produtos digitais e da IA — você alcança mercados globais instantaneamente, sem estoque, sem envio, sem funcionários. Para que isso funcione, foque em resolver um problema claro de forma repetível. Por exemplo, se você criar um guia para ajudar novos pais a organizar a rotina de sono do bebê, e ele realmente ajudar, essas pessoas vão recomendar para outras. A IA pode ajudar você a escrever, formatar, narrar e até criar a capa. Você cria uma vez. Ele paga para sempre.

Mas renda passiva de verdade não significa não fazer nada. Significa fazer o trabalho uma vez e depois configurar sistemas que promovem e entregam o produto de forma consistente. É aí que entram ferramentas de automação como Zapier, MailerLite, Chatbase e Repurpose.io. Elas permitem que você continue criando novos ativos enquanto os antigos continuam vendendo. Com o tempo, essas pequenas fontes começam a se acumular — um eBook, um curso, um canal no YouTube por vez — até que você constrói um portfólio digital que se multiplica ao longo do tempo.

Não tente ficar rico com um único produto. Busque construir cinco a dez ativos com IA que gerem entre $200 e $1.000 por mês cada um. Isso pode incluir uma combinação de livros no KDP, printables, pacotes de arte gerada por IA ou conteúdo em vídeo sem mostrar o rosto. Cada novo ativo aumenta sua renda mensal sem aumentar sua carga de trabalho. É assim que pessoas saem de criadores em tempo parcial para renda em tempo integral — deixando sistemas digitais e ferramentas de IA fazerem o trabalho pesado ao longo do tempo.

Agora, conheça Michael.

Michael nunca planejou se tornar um empreendedor online. Ele tinha 52 anos, era professor de ciências do ensino médio há duas décadas, enfrentava um trajeto cansativo todos os dias e sonhava silenciosamente com uma aposentadoria antecipada. O que ele queria, no fundo, era tempo — para ler, viajar e respirar. Ele não tinha experiência em tecnologia, não tinha audiência online e quase não tinha tempo livre. Mas durante um treinamento escolar sobre "tecnologias emergentes na educação", ouviu alguém mencionar casualmente o ChatGPT. "Você pode criar um currículo inteiro em cinco minutos", disse a palestrante. Michael prestou atenção.

Naquela noite, curiosidade virou ação. Ele pediu ao ChatGPT que criasse um plano de aula sobre ecossistemas. Em segundos, recebeu um roteiro detalhado, com atividades, lista de vocabulário e perguntas para discussão. Testou mais alguns prompts e pensou: "Se ele pode criar aulas, o que mais pode fazer?"

No fim de semana, experimentou ChatGPT, Canva e uma conta gratuita no Gumroad. No domingo à noite, tinha criado seu primeiro produto digital: um diário de 30 dias de desafios científicos para alunos do ensino fundamental. Colocou o preço em $9, publicou no Gumroad e compartilhou em um grupo de Facebook para famílias que educavam em casa.

Em 24 horas, vendeu três cópias. $27. Não era muito, mas era real. Ele tinha ganhado dinheiro com algo criado apenas com um laptop e uma ideia.

Animado, criou um segundo produto: um planner de unidade sobre clima, com atividades e gabaritos, novamente usando

ChatGPT e Canva. Depois usou Pictory para criar um vídeo curto de apresentação e publicou em um novo canal no YouTube. Adicionou o link afiliado do produto na descrição e compartilhou em um fórum para pais educadores.

As vendas começaram a chegar com consistência.

Então Michael adicionou automação. Configurou MailerLite para oferecer uma planilha gratuita sobre clima em troca de e-mails e criou uma sequência automática de três dias promovendo seu pacote completo. Cada novo inscrito se tornava um cliente potencial — sem que ele precisasse fazer nada manualmente. Usou Zapier para registrar vendas em uma planilha do Google e Chatbase para responder perguntas frequentes.

Pouco a pouco, seus pequenos sistemas começaram a trabalhar juntos. Um produto criado em um único fim de semana continuava vendendo meses depois.

Com mais confiança, ampliou sua biblioteca de ativos. Criou um mini-curso de ciências da Terra com avatares no Synthesia. Usou ElevenLabs para narrar um audiolivro chamado "30 Desafios Científicos" e publicou no Findaway Voices. Ele não contratou ninguém. Não gravou vídeos com câmera. Não falou em microfone. Mas seu conteúdo estava em várias plataformas — automatizado e sempre ativo.

No final do ano, Michael tinha 14 produtos digitais espalhados por Gumroad, Etsy, Udemy e KDP. Cada um gerava entre $50 e $400 por mês. Nada viral. Nada explosivo. Mas juntos somavam mais de $3.800 por mês — mais do que seu salário como professor.

Quando perguntavam como ele tinha tempo para fazer tudo aquilo, ele respondia sorrindo: "Eu não tenho. A IA tem."

Ele descobriu o segredo: criar uma vez, automatizar e partir para o próximo ativo. Agora, passa as manhãs lendo na varanda, enquanto o celular vibra silenciosamente com novas vendas, novos downloads e novos ouvintes.

Para Michael, a IA não ofereceu apenas ferramentas. Ofereceu um novo futuro — com menos estresse, mais tempo e uma renda que não para quando ele para de trabalhar.

Renda passiva deixou de ser um sonho.

Virou realidade.

Capítulo 8: Usando IA para Criar e Vender Produtos Digitais Globalmente

Produtos digitais são um dos modelos de negócio mais escaláveis, acessíveis e lucrativos do mundo — e a IA torna mais fácil do que nunca criá-los e vendê-los globalmente. Diferente de produtos físicos, produtos digitais não têm custo de envio, não exigem estoque e não possuem limite de vendas. Seja um eBook, curso, pacote de designs, printable ou até uma narração gerada por IA, você pode vender para qualquer pessoa, em qualquer lugar, a qualquer hora — 24 horas por dia, 365 dias por ano.

A inteligência artificial remove praticamente todas as barreiras que antes impediam alguém de se tornar criador digital. Não sabe escrever? O ChatGPT pode ajudar você a criar livros, guias práticos, modelos de e-mail ou roteiros completos. Não é designer? Canva e Midjourney permitem criar visuais profissionais, capas e printables em minutos. Não gosta de aparecer em câmera? Ferramentas como Synthesia e HeyGen criam avatares realistas que falam por você. Precisa de narração? ElevenLabs oferece vozes naturais em vários idiomas e sotaques. Quer alcançar o mundo? Ferramentas de tradução com IA como DeepL ou o próprio ChatGPT permitem adaptar seu conteúdo para múltiplos idiomas instantaneamente.

Para começar, escolha um nicho ou público que você deseja atender — algo que você conheça ou tenha curiosidade. Use o ChatGPT para gerar ideias de produtos, estruturar o conteúdo ou sugerir diferenciais. Por exemplo, se você quiser criar um planner financeiro, pode pedir ao ChatGPT que desenvolva um rastreador de metas financeiras de 30 dias. Depois, crie o design no Canva, exporte como PDF e publique no Etsy ou Gumroad. Em poucas horas, você pode ter um produto pronto para vender — sem escrever uma única frase do zero.

Depois que o produto estiver publicado, as plataformas globais fazem o trabalho pesado. A Amazon KDP dá acesso a leitores internacionais. O Etsy possui compradores do mundo todo. O Gumroad permite pagamentos em múltiplas moedas. Udemy e Teachable entregam cursos globalmente, e o YouTube alcança públicos em todos os continentes. A IA permite localizar sua mensagem, traduzir legendas e adaptar visuais para diferentes culturas sem contratar tradutores ou designers.

Outra estratégia poderosa é criar ofertas em múltiplos formatos. Por exemplo, escreva um guia curto com ChatGPT, transforme-o em audiolivro com ElevenLabs, converta o conteúdo em slides no Canva e venda tudo como um "Kit

Completo" em uma única oferta. Cada formato pode ser vendido separadamente ou combinado em pacotes de maior valor. Isso aumenta seu ticket médio e multiplica sua renda usando o mesmo conteúdo base.

O segredo do sucesso global com produtos digitais não é perfeição — é repetição e valor. Foque em resolver um pequeno problema para um público amplo e use IA para entregar essa solução no maior número possível de formatos acessíveis. Depois, automatize entrega e promoção com MailerLite, Zapier e Repurpose.io para manter vendas e tráfego funcionando enquanto você dorme.

Agora, conheça Isabella.

Isabella sempre amou criar. Ex-professora de idiomas em São Paulo, ela tinha paixão por ensinar, mas deixou a sala de aula para cuidar dos dois filhos. Sem formação em negócios e com poucas habilidades técnicas, nunca se viu como empreendedora. Mas quando a família começou a enfrentar dificuldades financeiras durante uma crise econômica, ela passou a procurar formas de ganhar dinheiro em casa.

Uma noite, encontrou um vídeo no YouTube mostrando como pessoas estavam usando ChatGPT, Canva e Etsy para criar e vender diários digitais em inglês. Ela pensou: "E se eu fizer isso em português?"

No dia seguinte, abriu o ChatGPT e escreveu: "Crie um diário de gratidão de 30 dias com frases inspiradoras." Em segundos, recebeu um conteúdo estruturado com reflexões diárias. Copiou o texto para o Canva, escolheu um modelo delicado, fez ajustes pessoais e criou um PDF profissional.

Publicou no Etsy e também no Gumroad com opções de pagamento para o Brasil. Compartilhou em grupos locais de Facebook e WhatsApp.

Em dois dias, vendeu dez cópias — ganhando mais do que ganhava dando aulas particulares.

Animada, traduziu o conteúdo para espanhol e inglês usando ChatGPT e DeepL, adaptando o tom cultural de cada idioma. Criou versões específicas para cada mercado, ajustando cores e design.

Logo estava vendendo nos Estados Unidos, México, Portugal e França. A demanda internacional a surpreendeu.

Depois, usou ElevenLabs para narrar uma versão em áudio em português e inglês. Criou um "Kit Mindfulness Premium" combinando PDF + áudio e começou a vender no Gumroad. Clientes de cinco continentes baixaram o produto no primeiro mês.

Isabella percebeu que havia criado algo poderoso: produtos digitais que atendiam a uma necessidade emocional real, apoiados por ferramentas de IA que exigiam pouco trabalho contínuo. Automatizou e-mails com MailerLite, monitorou vendas com Zapier e criou vídeos curtos no Pictory com citações traduzidas em três idiomas.

Em três meses, lançou mais de 12 produtos: guias de autoestima, planilhas de aprendizado de idiomas e cartões de afirmações — todos criados com IA.

Seu produto mais vendido foi um printable trilíngue chamado "Morning Mindset", que vendeu quase 300 cópias em 30 dias.

Para alguém que duvidava se alguém compraria seu trabalho, agora ela alcançava clientes em mais de 40 países — sem enviar um único pacote físico.

O mais surpreendente não foi o dinheiro. Foi perceber que a IA nivelou o jogo. Ela não precisava de grande orçamento, diploma em marketing ou inglês perfeito. Da sua pequena casa em São Paulo, com um laptop e ferramentas gratuitas, Isabella se tornou uma empreendedora digital global.

Hoje ela ensina aos filhos que é possível criar algo valioso na sua própria língua, com sua própria voz, e compartilhar com o mundo.

Para Isabella, produtos digitais não eram apenas renda.

Eram uma ponte.

Uma ponte do local para o global.

Do estresse financeiro para a liberdade.

Da ideia para o impacto.

Capítulo 9: Construindo Sua Marca Impulsionada por IA Sem Aparecer na Câmera

Você não precisa aparecer na câmera para construir uma marca poderosa e lucrativa. Graças à IA, hoje é mais fácil do que nunca criar conteúdo "faceless" que gera autoridade, constrói audiência e cria renda em múltiplas plataformas — sem mostrar o rosto, sem gravar com microfone e sem contratar equipe.

O medo de aparecer na câmera é uma das maiores razões pelas quais muitas pessoas nunca começam um negócio baseado em conteúdo. Mas a verdade é que muitos dos criadores mais bem-sucedidos da internet são completamente anônimos. Alguns usam narrações. Outros utilizam apenas texto. Alguns constroem negócios inteiros com avatares de IA, animações sem rosto ou visuais gerados com ferramentas como Midjourney, Canva ou Pictory.

Sua marca não é seu rosto.
É sua mensagem.
Seu estilo.
Sua consistência.

E a IA ajuda você a empacotar e distribuir essa mensagem em múltiplos formatos.

Para construir uma marca sem rosto, comece definindo seu nicho e seu estilo. Use o ChatGPT para gerar ideias de conteúdo, definir o tom da marca e até criar um nome. Por exemplo, se você quer construir uma marca motivacional para jovens profissionais, peça ao ChatGPT para sugerir nomes, slogans e 30 ideias de roteiros. Depois, use Canva ou Midjourney para criar logotipo, identidade visual e artes para redes sociais.

Com ferramentas como Pictory ou InVideo, você pode transformar roteiros em vídeos usando banco de imagens, música de fundo e narração gerada por IA — sem filmar nada.

Uma das estratégias mais eficazes é o conteúdo em formato curto: YouTube Shorts, Instagram Reels e TikTok. Vídeos de 15 a 60 segundos funcionam muito bem para criadores anônimos. Você pode transformar frases ou trechos de blog em vídeos usando Pictory ou CapCut, adicionar narração com ElevenLabs ou Play.ht, inserir música livre de direitos autorais e publicar.

As plataformas valorizam consistência. E com IA, você pode criar conteúdo em lote e agendar tudo com antecedência.

Sua marca sem rosto também pode ir além das redes sociais. Você pode:

Usar ElevenLabs para transformar textos em podcasts
Criar audiolivros narrados por IA
Publicar artigos no Medium escritos com ChatGPT
Vender produtos digitais
Criar comunidades pagas
Licenciar seu conteúdo

Tudo isso sem aparecer.

Outra opção poderosa é criar um avatar com IA usando ferramentas como Synthesia ou HeyGen. Esses avatares podem apresentar seus roteiros em qualquer idioma. Você pode ensinar, vender ou apresentar conteúdo através deles. Combinado com clonagem de voz e ferramentas de texto para vídeo, sua marca se torna escalável e multilíngue com mínimo esforço.

Seu público não se importa se você aparece.
Ele se importa com clareza, consistência e valor.

Com IA, você entrega os três — permanecendo nos bastidores.

Agora, conheça Adrian.

Ninguém sabia quem estava por trás do perfil "Wisdom Pulse" no Instagram. O logo era simples: texto branco sobre fundo preto. Os vídeos eram minimalistas: voz calma, música suave e frases sobre cenas lentas de natureza ou cidade.

Em oito meses, o perfil alcançou mais de 200.000 seguidores, 1 milhão de visualizações por semana e mais de $110.000 em receita.

Por trás da conta estava Adrian — 29 anos, ansiedade social, nunca mostrava o rosto.

Adrian sempre amou escrever. Tinha cadernos cheios de frases e reflexões. Mas o medo de julgamento o impedia de publicar. Até que um dia ele pensou:

"E se a mensagem puder existir sem o mensageiro?"

Ele abriu o ChatGPT e escreveu: "Crie um roteiro motivacional curto para alguém passando por um momento difícil."

A resposta foi profunda e humana.

Copiou o texto para o ElevenLabs, escolheu uma voz calma, adicionou imagens do Pictory e criou um vídeo de 60 segundos.

Postou.

Primeiro vídeo: 73 visualizações.

Nada viral. Mas suficiente.

Ele publicou um vídeo por dia.
ChatGPT para roteiros.
Canva para thumbnails.
ElevenLabs para voz.
Pictory para edição.

Uma frase. Um roteiro. Um minuto. Todos os dias.

Na terceira semana, um vídeo alcançou 17.000 visualizações.

Comentários começaram a aparecer:
"Eu precisava ouvir isso."
"Obrigado."
"Essa voz é tão tranquila."

Ninguém perguntou quem ele era. E isso era perfeito.

Com o crescimento, Adrian criou um diário digital no Canva baseado nos roteiros. Adicionou um pacote de afirmações em áudio narradas por IA e vendeu por $19 no Gumroad.

Automação cuidava das entregas.

Criou um checklist gratuito como isca digital e configurou uma sequência no MailerLite promovendo seus produtos. Depois lançou um curso online narrado por IA sobre resiliência emocional.

Em seis meses, tinha:

30.000 inscritos na lista de e-mail
500.000 seguidores nas redes
Renda maior do que seu antigo emprego

Nunca gravou um vídeo.
Nunca mostrou o rosto.
Nunca falou com a própria voz.

Sua marca se tornou um refúgio — sem rosto, mas cheia de alma.

Quando perguntam se ele vai aparecer na câmera, ele responde:

"A mensagem importa mais do que o mensageiro."

A IA deu a ele a liberdade de construir em silêncio — enquanto sua marca fala alto para quem precisa ouvir.

Capítulo 10: Seu Plano de Liberdade com IA a Longo Prazo — Escalar, Licenciar ou Vender

Depois de construir sua primeira fonte de renda com IA, o próximo passo é pensar no longo prazo. O que você quer que isso se torne? Uma renda extra? Um negócio de estilo de vida? Um ativo digital vendável? Este capítulo final é sobre transformar seu trabalho com IA em liberdade duradoura — seja escalando, licenciando ou vendendo seu negócio por um valor significativo.

Escalar significa aumentar impacto e renda sem aumentar seu tempo de trabalho. Com IA, isso é totalmente possível. Você pode escalar criando bundles de produtos digitais, reaproveitando conteúdo em múltiplas plataformas, oferecendo versões premium ou lançando em vários idiomas. Por exemplo, um curso criado com ChatGPT e Synthesia pode ser traduzido e narrado em espanhol, francês ou alemão usando ferramentas de voz com IA. O mesmo curso pode ser vendido simultaneamente no Udemy, Teachable e Gumroad — criando múltiplas fontes de receita a partir de um único produto.

Outra forma de escalar é através de automação e delegação. Ferramentas como Zapier, Chatbase e MailerLite podem cuidar de vendas, atendimento e marketing, liberando você para focar em novas ideias. Quando sua renda se tornar consistente, você pode reinvestir na melhoria dos sistemas ou contratar ajuda para tarefas que a IA ainda não executa perfeitamente. Muitos negócios individuais impulsionados por IA crescem para $5.000 a $20.000 por mês com apenas algumas horas semanais de manutenção.

Licenciamento é outro caminho inteligente para renda de longo prazo. Se você criou um ativo digital valioso — como uma biblioteca educacional, uma série de workbooks ou um acervo de narrações — pode licenciá-lo para empresas, escolas, coaches ou criadores. Em vez de vender uma única vez, você concede direitos de uso em troca de pagamentos recorrentes. A IA permite personalizar e adaptar rapidamente esse conteúdo, enquanto plataformas como Gumroad ou Podia facilitam o controle de acesso e pagamentos.

E existe ainda uma oportunidade frequentemente ignorada: vender seu negócio digital. Assim como imóveis, seu negócio online pode se tornar um ativo vendável. Plataformas como Flippa, Empire Flippers e MicroAcquire listam milhares de negócios digitais à venda — incluindo canais "faceless", lojas Etsy, bibliotecas de eBooks e sites automatizados. Se você tiver tráfego consistente, receita estável e sistemas automatizados, seu negócio pode valer entre 12 e 36 vezes o lucro mensal. Um negócio que gera $2.000 por mês pode ser vendido por $24.000 a $72.000 — ou mais.

Seja para escalar, licenciar ou vender, a chave é tratar sua marca com IA como um negócio real desde o início. Acompanhe métricas, organize sistemas e foque em gerar valor verdadeiro. A renda será consequência. E mais importante: a liberdade também.

Agora, conheça Ethan.

Ethan começou com um único eBook. Um guia de 40 páginas chamado Mastering Remote Work, escrito com ajuda do ChatGPT. Ele formatou no Canva, criou uma capa simples e publicou no Gumroad. No primeiro mês, ganhou $142. Nada extraordinário — mas era prova de que alguém pagaria por algo que ele criou.

Animado, criou mais três guias nos meses seguintes: produtividade, ferramentas de IA para freelancers e construção de portfólio online. Usou ChatGPT para escrever, ElevenLabs para narrar versões em áudio e Pictory para criar vídeos promocionais. Depois reuniu tudo em uma série chamada The Digital Work Toolkit.

As vendas começaram a crescer. Ethan configurou sequências automáticas no MailerLite para oferecer bundles e bônus. Usou Zapier para conectar Gumroad ao Google Sheets e monitorar dados. Em seis meses, estava ganhando cerca de $1.500 por mês. Sem equipe. Sem longas horas de produção.

Então algo mudou. Pequenas empresas começaram a perguntar se poderiam usar seu material para treinar equipes remotas. Ethan descobriu o poder do licenciamento. Reformulou seus conteúdos em versão white-label e passou a vender licenças anuais. Em um único mês, fechou três contratos corporativos de $1.000 cada.

Seu canal "faceless" no YouTube ultrapassou 10.000 inscritos. Sua lista de e-mails chegou a 25.000 contatos. Ele tinha construído um ativo real — automatizado e global.

No segundo ano, Ethan tomou uma decisão ousada: vender o negócio.

Listou sua empresa digital no Flippa. Recebeu três propostas. Uma empresa especializada em treinamento remoto fechou negócio por $72.000.

Era surreal. Um projeto criado com ferramentas gratuitas e finais de semana tranquilos foi vendido por mais do que dois anos de salário combinados.

Quando perguntaram o segredo, ele respondeu:

"Eu construí como um ativo. Pensei no fim desde o começo. A IA apenas acelerou."

Após a venda, Ethan tirou seis meses para viajar. Mas já estava planejando o próximo projeto com IA — em outro nicho, com mais automação e visão ainda maior.

Porque depois que você experimenta o que a IA pode fazer — não apenas pela sua renda, mas pelo seu tempo e liberdade — não há como voltar atrás.

Você para de perguntar "E se?"
E começa a perguntar: "Qual é o próximo passo?"

Resumo Final

A Inteligência Artificial não é mais um conceito distante ou uma ferramenta reservada a especialistas. Ela está aqui, é acessível e pronta para trabalhar a seu favor. Ao longo deste livro, você aprendeu como a IA pode ajudá-lo a escrever, criar, falar, automatizar, vender e escalar — sem precisar de conhecimento técnico, sem aparecer na câmera e, muitas vezes, sem gastar mais do que alguns dólares. Seja seu objetivo renda extra, total liberdade de tempo ou construir um negócio que você possa vender no futuro, o caminho está claro: comece simples, construa sistemas e use a IA como sua equipe.

Você viu como pessoas comuns — pais, professores, criativos e profissionais — usaram a IA para transformar suas vidas. Aprendeu quais ferramentas eles usaram, os passos que seguiram e a mentalidade que adotaram. A IA não substitui ambição. Ela a amplifica. Ela pega suas ideias, sua voz e sua perspectiva — e as transforma em produtos, negócios e marcas que podem alcançar o mundo.

Este não é o fim da sua jornada. É o ponto de partida. Agora você tem a base, a inspiração e o roteiro. O próximo passo depende de você.

Palavras Finais do Autor, Joe Correa

Se você chegou até aqui, obrigado. Você investiu seu recurso mais valioso — seu tempo — e eu não levo isso levianamente. Quando descobri as ferramentas de IA, não sabia exatamente o que esperar. Não tinha uma grande equipe, uma agência de marketing ou muito dinheiro. O que eu tinha era desejo de construir algo real, algo que eu pudesse controlar. E a IA me deu essa chance.

Desde então, criei cursos, livros, produtos digitais e negócios automatizados que alcançam pessoas ao redor do mundo — a maioria construída em momentos tranquilos, de casa, usando ferramentas gratuitas ou acessíveis. Digo isso não para impressionar, mas para mostrar que, se eu consegui, você também consegue.

Você não precisa ser um gênio da tecnologia. Não precisa de permissão. O que você precisa é de clareza, consistência e coragem para dar o primeiro passo — mesmo que seja imperfeito. A IA não substitui sua criatividade ou sua voz — mas pode multiplicar seu alcance e liberar seu tempo para que você se concentre no que realmente importa.

À medida que avança, encorajo você a agir. Escolha um método, uma ferramenta ou uma ideia deste livro e construa algo esta semana. Não "algum dia" — esta semana. Porque uma vez que você der o primeiro passo, o momentum virá.

Sua liberdade não vem de esperar. Ela vem de criar.

Um brinde à sua jornada — do iniciante curioso ao criador confiante, ao empreendedor digital.

Vamos construir seu império de renda com IA — um movimento inteligente de cada vez.

www.ingramcontent.com/pod-product-compliance
Lightning Source LLC
LaVergne TN
LVHW050758051026
849532LV00008B/2902